우리나라를 소개합니다

2023년 11월 15일 1판 11쇄 발행 | 2013년 10월 30일 1판 1쇄 발행

글 표시정 | **그림** 김윤영
펴낸이 김상일 | **펴낸곳** 도서출판 키다리
출판등록 2004년 11월 3일 제406-2010-000095호
제조국 대한민국 | **사용연령** 8세 이상
주소 경기도 파주시 심학산로 10
전화 031-955-9860 | **팩스** 031-955-1601
이메일 kidaribook@naver.com | **블로그** blog.naver.com/kidaribook
ISBN 979-11-85299-04-4(74810) | 978-89-92365-92-5(세트)

글ⓒ표시정, 그림ⓒ김윤영, 2013

- 이 책의 출판권은 도서출판 키다리에 있습니다.
- 저작권법에 의해 한국 내에서 보호를 받는 저작물이므로, 무단 전재와 무단 복제를 금합니다.
- 잘못된 책은 구매하신 곳에서 교환할 수 있습니다.

우리나라를 소개합니다

표시정 글 | 김윤영 그림

킨다리

차례

영원히 피고, 또 피는 꽃 무궁화 6
우리나라의 상징 …… 10
우리나라의 지형과 자연유산 …… 12

계절마다 변하는 우리나라 14
사계절이 뚜렷한 우리나라 …… 18
달력 속에 숨어 있는 우리의 역사와 문화 …… 26

아름다운 우리의 전통 28
동방예의지국 …… 31
우리나라의 소중한 전통문화 …… 36
전통문화를 어떻게 지켜야 할까? …… 37

우리나라를 빛낸 위인을 만나다! 38
한국을 빛낸 100명의 위인들 …… 41
우리나라의 위인을 알아보자 …… 46

세계 으뜸 우리나라 48

맛도 좋고, 몸에도 좋은 우리의 한식 …… 54
우리나라의 유네스코 세계문화유산 …… 56
우리나라의 유네스코 세계기록유산 …… 57
우리나라의 유네스코 세계무형유산 …… 57

아름다운 우리 옷, 한복 58

우리나라의 전통 의상 …… 60
이웃 나라의 전통 의상 …… 61

우리의 소원은 통일 68

분단국가, 대한민국 …… 72
우리나라의 분단 과정 …… 73
통일은 왜 해야 하는 걸까? …… 76

교과연계 …… 78

영원히 피고, 또 피는 꽃 무궁화

강이와 산이는 쌍둥이에요. 쌍둥이는 대부분 누가 누군지 구별하기 힘들 정도로 많이 닮았어요. 하지만 강이와 산이는 닮은 데가 별로 없어요. 둘은 성별도 다르고, 생김새도 다르고, 성격도 다른 이란성쌍둥이거든요.

오늘 강이와 산이는 민속박물관으로 나들이를 왔어요. 민속박물관에는 강이와 산이의 할아버지가 문화해설사로 일하고 계세요. 문화해설사는 박물관 관람객들에게 우리나라의 역사와 문화를 알기 쉽게 설명하는 일을 하지요.

"강아! 산아!"
할아버지가 먼저 와 계셨어요.
"할아버지!"
강이와 산이는 앞서거니 뒤서거니 달려가 할아버지의 품에 쏙 안겼어요.
"길 찾느라 힘들지 않았니?"
"별로 안 힘들었어요."
"저희 잘 찾아왔지요?"
"그래, 그렇구나."

할아버지는 대견하다는 듯 강이와 산이의 머리를 쓰다듬었어요.
강이가 가쁜 숨을 몰아쉬며 물었어요.
"할아버지, 박물관으로 부르신 이유가 뭐예요?"
"너희에게 박물관을 구경시켜 주려고 불렀지."
"정말요?"
산이가 신이 나서 엉덩이를 씰룩거리며 춤을 추었어요. 지나가는 사람들이 무슨 일인가 하고 힐끔힐끔 돌아보았어요.
"정말 못 말린다니까."
강이는 산이가 못마땅한 듯 투덜거렸어요. 다른 사람들이 쳐다보는 게 창피했거든요.

그때, 살랑살랑 바람이 불어왔어요.

"어, 이게 무슨 냄새지?"

보드라운 바람 속에서 은은한 꽃향기가 느껴졌어요.

강이는 주위를 두리번거리다가, 무궁화 동산에 활짝 핀 흰색, 분홍색, 보라색, 빨간색, 색색의 꽃들을 보았어요.

"할아버지, 여기 이 꽃들 좀 보세요. 이 꽃은 이름이 뭐예요?"

강이가 신기해 하며 물었어요.

"무궁화란다. 강아, 무궁화 처음 보니?"

강이가 고개를 끄덕였어요.

"네, 할아버지."

할아버지는 아이들을 무궁화 앞으로 데리고 갔어요.

"무궁화는 우리나라의 국화란다. 영원히 피고, 또 피는 꽃이라는 뜻이지."

 ## 우리나라의 상징

무궁화

무궁화는 7월부터 10월까지 꽃을 피워요. 백여 일 동안 계속해서 새로운 꽃을 피우기 때문에 무궁화라고 불리지요. 무궁화는 고조선 이전부터 있었어요. 단군이 나라를 세웠을 때, 무궁화는 '하늘나라의 꽃'이라 불리며 귀한 대접을 받았대요.
우리나라를 '무궁화의 나라'라고 부르기도 하지요.
무궁화는 우리나라 곳곳에 피어 있고, 오랜 시간 동안 우리 민족과 함께 기쁨과 슬픔을 나누어 온 꽃이에요.

국화란 무엇일까?

무궁화는 우리나라의 국화예요. 국화(國花)란 나라를 상징하는 꽃을 말해요.
국화는 나라에서 법으로 정하기도 하고, 자연, 역사와 관련 깊은 식물이 자연스럽게 국화로 정해지기도 해요.
일본의 국화는 벚꽃이고, 네덜란드의 국화는 튤립이지요. 다른 나라의 국화도 찾아보세요.

태극기

태극기는 우리나라의 국기예요. 흰색 바탕에 태극 무늬와 4괘로 구성되어 있지요. 태극 무늬는 음과 양의 조화를 나타내요. 건곤감리의 4괘는 각각 하늘, 땅, 물, 불을 상징하고요. 태극기에는 태극과 4괘가 만나 서로 변화하며 발전하기를 바라는 뜻이 담겨 있어요.

애국가

우리나라의 국가는 '애국가'예요. 애국가는 나라를 사랑하는 노래이며, 나라를 사랑하는 정신을 일깨워 주는 노래이기도 해요. 애국가의 작곡가는 안익태이고, 작사가는 누구인지 알려져 있지 않답니다.

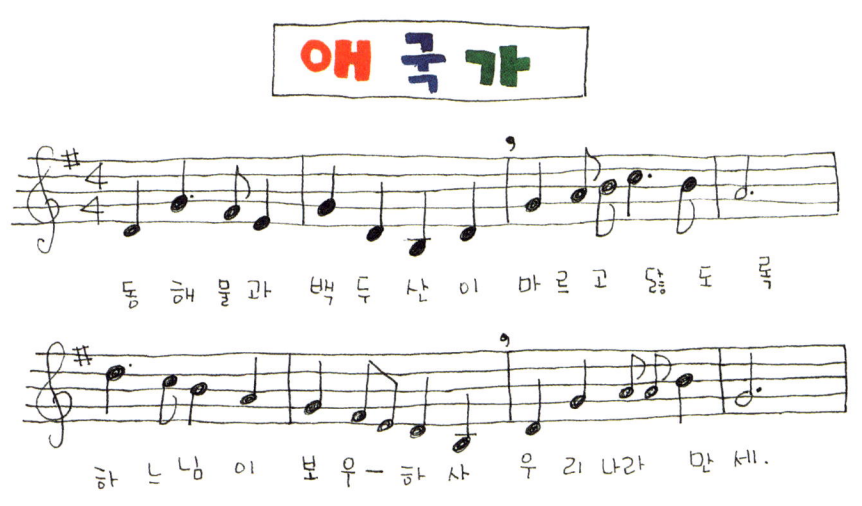

 # 우리나라의 지형과 자연유산

우리나라의 위치와 모양

우리나라는 삼면이 바다로 둘러싸인 반도에 위치해 있어요. 주변 나라로는 중국과 일본, 러시아가 있지요.

우리나라는 땅의 70퍼센트 정도가 산지예요. 동해안을 따라 태백산맥과 함경산맥이 뻗어 있어요.

또 다른 특징으로는 동해안의 해안선은 단조롭고, 서해안과 남해안의 해안선은 복잡하고 섬이 많다는 점이에요.

우리나라의 지도를 살펴보면 땅의 모양이 호랑이와 꼭 닮아 있어요.

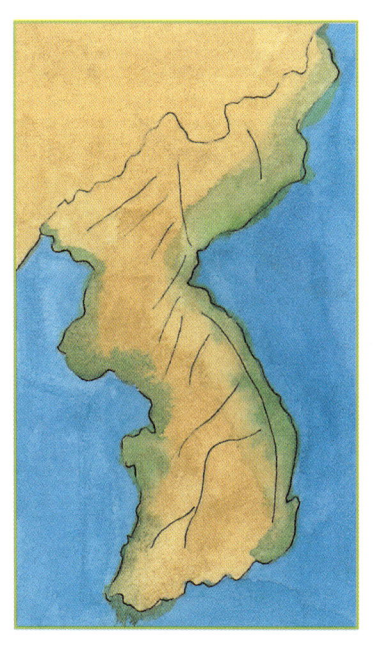 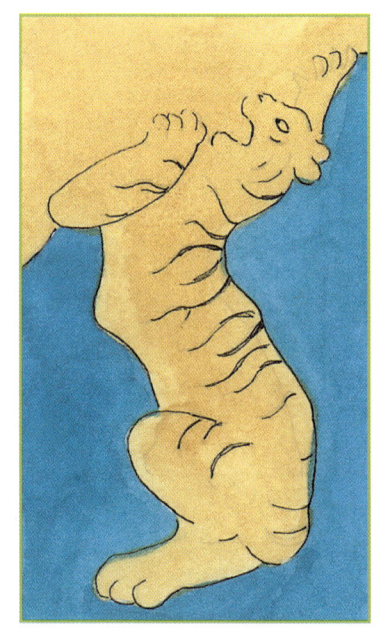

우리나라를 대표하는 자연유산

설악산

설악산은 강원도에 위치한 산으로 태백산맥 가운데 솟아 있어요. 바위가 웅장하고 아름다워요. 수많은 희귀 식물과 동물들이 살고 있고요. 비룡폭포, 신흥사, 울산바위, 오색 약수 등이 유명해요.

백록담

제주도의 한라산 꼭대기에 있는 호수예요.
화산의 분화구에 물이 고여 생긴 호수이지요. 옛날에 신선들이 이곳에서 흰 사슴으로 담근 술을 마셨다는 전설이 있어요. 그래서 백록담이라는 이름이 생겨났어요.

계절마다 변하는 우리나라

"자, 이제 박물관을 구경하러 가 볼까?"
강이와 산이는 사이좋게 할아버지와 손을 잡고 걸었어요.
"너희 혹시 계절이 왜 변하는지 아니?"
"지구가 태양의 주위를 돌기 때문이잖아요."
책벌레 강이가 대답했어요.

지구는 자전과 공전을 해요. 자전은 지구가 남극과 북극을 수직으로 연결한 축인 자전축을 따라 스스로 도는 것이지요.

공전은 지구가 태양의 주위를 도는 것이고요.

지구는 자전축이 기울어진 채로 태양의 주위를 돌아요. 그렇기 때문에 어떤 곳에는 햇빛이 많이 비치고, 또 어떤 곳에는 햇빛이 적게 비치지요. 계절이 변하는 이유는 바로 이 때문이에요.

"자전축을 똑바로 세우면 어떻게 될까요?"
산이가 물었어요.
"자전축을 똑바로 세우면 계절의 변화 같은 건 없겠지. 적도나 극지방처럼 일 년 내내 여름 아니면, 겨울이 계속될 테니까."
"일 년 내내 여름이 계속된다면 너무너무 싫을 것 같아요."
더위를 몹시 타는 강이는 생각만 해도 끔찍했어요.

박물관에서 제일 먼저 간 곳은 생활관이에요.

"할아버지, 생활관은 어떤 곳이에요?"

"이곳은 사계절의 변화에 따른 사람들의 생활을 보여 주는 곳이란다."

"할아버지, 옛날 사람들도 계절의 변화에 대해 알고 있었어요?"

"물론이지. 태양이 움직이는 것을 보고 계절이 바뀌는 것을 알았단다."

옛날 사람들은 태양의 변화를 십오 일로 나누어서 구분했어요.

일 년을 사계절로 나누듯이 일 년을 이십사절기로 나눈 거예요.

생활관 입구의 커다란 대문에는 한자가 적힌 흰 종이가 붙어 있었어요.

"입, 춘, 대……."

산이는 종이에 적힌 글자를 한 글자, 한 글자 읽어 내려갔어요. 그런데 마지막 글자 앞에서 딱 막혀 버렸지 뭐예요.

뒤에서 가만히 지켜보고 있던 강이가 산이의 귀에 대고 뭐라고 속삭였어요.

"아, '길'자라고 읽어야 하는구나! 그런데 '입춘대길'이 무슨 뜻이에요?"

"옛날 사람들은 새봄을 알리는 입춘에 일 년 내내 건강하고 행운이 깃들기를 바라며 이렇게 써서 붙였단다."

 사계절이 뚜렷한 우리나라

우리나라는 사계절이 뚜렷해요.
봄, 여름, 가을, 겨울 각 계절마다 날씨도 다르고, 사람들의 생활도 달라요.

봄

맑고 건조한 날씨가 계속되어요. 얼음이 녹고, 새싹이 돋지요. 하지만 봄을 시샘하는 꽃샘추위가 불어와 추워지기도 해요.

사람들은 대청소나 모내기 등 봄맞이를 하고, 봄나물과 화전 등을 먹지요.

입춘대길(立春大吉) : 봄을 맞아 복이 깃들기를 바라는 뜻의 사자성어예요.

여름

여름에는 덥고, 비가 많이 와요. 비가 계속 내리는 장마가 있고, 태풍이 불기도 해요. 사람들은 더위를 피해서 바다로 휴가를 떠나기도 하지요. 수박이나 참외 등의 과일을 즐겨 먹어요.

녹음방초(綠陰芳草) : 푸른 나무와 향기로운 풀, 여름의 경치를 말하는 사자성어예요.

가을

맑고 쌀쌀한 날씨를 느낄 수 있어요. 일교차가 커서 건강관리에 주의해야 해요.

벼가 익고, 과일이 열리는 풍성한 계절이기도 하지요.

사람들은 단풍을 구경하기 위해 단풍놀이를 가기도 해요.

농촌에서는 과일과 곡식을 수확하느라 바빠져요.

천고마비(天高馬肥) : 하늘은 높고 말은 살찐다는 뜻으로, 모든 곡식이 익는 가을을 말하는 사자성어예요.

겨울

겨울은 춥고 건조해요. 눈이 많이 내리고요.

우리나라 겨울은 사흘 동안 춥고, 나흘 동안 비교적 따뜻한 날씨가 반복되는 '삼한사온'이라는 특징이 있어요.

사람들은 겨울에 주로 안에서 생활하고, 따뜻한 음식을 즐겨 먹어요.

동물들은 추위를 피해 겨울잠을 자요.

설상가상(雪上加霜) : 겨울철, 눈 위에 서리가 덮인다는 뜻으로, 어려운 일이 잇따라 일어날 때 쓰는 사자성어예요.

강이와 산이는 호기심 가득한 얼굴로 대문을 열었어요.

생활관 입구에는 황소가 쟁기를 끌고, 농부가 보습을 잡고 있는 모형이 있었어요. 보습이란 넓은 삽 모양의 농기구예요.

"이 사람 지금 뭐하는 거지?"

산이가 혼잣말로 중얼거렸어요.

"보면 모르니? 농사일을 하고 있잖아."

농부들은 봄이 되면 겨우내 얼었던 땅을 새로 갈아엎어요. 단단한 땅을 부드럽게 만들어 싹이 잘 자랄 수 있도록 하는 것이지요.

또, 논밭에는 농부가 뿌린 씨앗이 싹을 틔우고, 산과 들에는 저절로 푸릇푸릇한 새싹이 돋아나요. 화사한 봄꽃도 앞다투어 피어나고요.

사람들은 냉이, 달래, 쑥과 같이 향긋한 봄나물을 뜯어 국과 반찬을 만들어 먹었어요. 진달래처럼 먹을 수 있는 꽃은 찹쌀가루를 섞어 화전을 부쳐 먹었답니다.

"화전이 너무 예쁘다."

"나도 꼭 한 번 먹어 보고 싶다."

강이와 산이는 진열장 안에 있는 음식 모형을 보며 입맛을 다셨어요.

여름의 시작을 알리는 입하가 지나면, 산과 들은 짙은 초록으로 변하지요.

논밭에는 곡식과 함께 잡초도 무럭무럭 자랐어요. 그래서 농부들은 이른 아침부터 들에 나가 잡초를 뽑았답니다.

산이가 장난스럽게 물었어요.

"옛날 사람들은 하루 종일 일만 했어요?"

"뜨거운 한낮에는 잠시 일손을 놓고 낮잠을 자기도 했어."

진열장 안에는 대나무로 만든 평상, 죽부인, 부채 등이 전시되어 있었어요. 여름에 입던 모시옷, 삼베옷도 있었고요.

"할아버지, 옛날에도 휴가가 있었어요?"

"옛날에도 피서를 갔단다. 계곡에서 물놀이도 하고, 뜨거운 삼계탕도 먹었지."

강이가 궁금해 못 참겠다는 듯 물었어요.

"할아버지, 왜 무더운 여름에 뜨거운 삼계탕을 먹어요?"

"삼계탕을 먹으면서 땀을 흘리면 더위를 물리치고, 기운을 북돋울 수 있기 때문이란다."

"야, 너는 '이열치열'도 모르니?"

"알아. 열로 열을 다스리는 거. 그런데 왜 여름에 뜨거운 걸 먹어야 하냐고!"

더위를 싫어하는 강이는 여전히 이해가 되지 않았어요.

무더운 여름이 지나면 들판의 곡식이 누렇게 익어요. 산에는 울긋불긋한 단풍이 들고요.

알알이 여문 곡식들이 고개를 숙이면 가을걷이가 시작되어요. 들판에는 타작 도구와 탈곡 도구가 쉴 새 없이 돌아가지요.

"난 햅쌀로 갓 지은 밥이 제일 맛있더라."

"나는 밥보다는 떡이 더 좋아."

"산아, 추석 때 만들었던 유에프오 송편 생각나니?"

"응! 너무 커서 옆구리가 터졌었지만, 정말 맛있었는데."

가을걷이가 끝난 들판에는 찬바람이 쌩쌩 불어요. 겨울의 시작을 알리는 입동이 지나면 날도 추워지고, 밤도 길어져요.

"동지는 일 년 중에 밤이 가장 긴 날이야."

"할아버지, 동지에는 팥죽을 먹지요?"

"그렇단다."

동지에는 붉은 팥으로 죽을 쑤어 그 속에 찹쌀로 만든 새알심을 넣어 먹어요.

옛날 사람들은 팥죽을 먹기 전에 벽이나 문에 팥죽을 뿌리기도 했어요. 그렇게 하면 집 안으로 나쁜 기운이 들어오는 것을 막을 수 있다고 믿었거든요.

강이와 산이는 생활관을 둘러보면서 우리 조상들이 어떻게 살았는지 알게 되었어요.

 ## 달력 속에 숨어 있는 우리의 역사와 문화

우리나라는 명절마다 가족과 친척이 모여 즐거운 시간을 보내요.
설날, 단오, 추석이 바로 우리나라의 3대 명절이지요.

설날 (음력 1월 1일)
음력으로 한 해의 첫날에 새해를 맞이하는 명절이에요.

단오 (음력 5월 5일)
단오떡을 해 먹어요. 여자는 창포물에 머리를 감고,
그네를 뛰며, 남자는 씨름을 해요.

추석 (음력 8월 15일)
햅쌀로 송편을 빚고, 햇과일로 음식을 만들어 차례를 지내요.

국경일은 나라의 중요한 날을 기념하기 위해 법으로 정한 날이에요.
국경일에는 집집마다 국기를 달지요.

삼일절 (양력 3월 1일)
1919년의 삼일운동(3·1 운동)을 기념하는 날이에요.

제헌절 (양력 7월 17일)
우리나라의 헌법을 제정한 것을 기념하는 날이에요.

광복절 (양력 8월 15일)
일본에게 빼앗겼던 우리나라의 주권을 되찾은 날이에요.

개천절 (양력 10월 3일)
우리나라의 건국을 기념하기 위한 날이에요.

한글날 (양력 10월 9일)
세종대왕이 한글을 만들고 알린 것을 기념하기 위한 날이에요.

아름다운 우리의 전통

"얘들아, 민화전 구경하고 갈래?"

생활관을 나온 할아버지가 민화전을 구경하자고 했어요.

민화전은 생활관과 역사관 사이의 복도에서 열리고 있었지요.

"할아버지, 민화가 뭐예요?"

"민화는 조선시대에 평민들의 사랑을 받았던 그림이란다."

민화는 양반이 아닌 평민의 사랑을 받던 그림이에요. 평민들의 생활상을 직접 그렸기 때문이지요.

전시장에는 산과 강을 그린 '산수화', 인물을 그린 '인물화', 꽃

과 새를 그린 '화조도' 등 다양한 민화가 전시되어 있었어요.

민화는 병풍으로 만들어진 것도 있고, 족자로 만들어져 벽에 걸린 것도 있었어요.

"산아, 이리 좀 와 봐. 신기한 그림이 있어!"

"뭔데?"

"이 그림 좀 봐."

강이가 벽에 걸린 민화를 보며 말했어요.

"이 그림은 어떻게 보면 그림 같고, 또 어떻게 보면 글자 같아."

"어, 정말이네!"

"문자도가 신기한 모양이구나?"

잠자코 듣고 있던 할아버지가 물었어요.

"문자도요? 그게 뭔데요?"

"문자도는 글자를 그림으로 그린 거야."

문자도는 어떤 글자와 관계있는 옛이야기를 그림으로 그린 것이에요. 산이가 그림 속 글자를 가리키며 물었어요.

"할아버지, 이 그림 속의 글자는 뭐예요?"

"효도 '효(孝)'라는 한자란다."

이번에는 강이가 물었어요.

"할아버지, '효'라는 글자와 잉어, 대나무, 부채, 거문고는 무슨 관계가 있어요?"

"너희 한겨울에 얼음을 깨고 잉어를 잡은 효자 이야기를 들어 본 적이 있니?"

할아버지는 늙고 병든 어머니를 낫게 하기 위해 얼음을 깨고 잉어를 잡았다는 효자 이야기를 들려주었어요.

"그럼, 대나무, 부채, 거문고에도 '효'자와 관련된 이야기가 숨어 있나요?"

"그렇단다."

강이는 쉬지 않고 질문을 퍼부었어요.

"할아버지, 아무 글자나 다 그림으로 그렸나요?"

"문자도에는 아무 글자나 들어가는 것이 아니란다. 효, 예, 의, 충과 같이 유교와 관련된 글자들로 그림을 그렸지."

동방예의지국

우리 조상들은 옛날부터 부모를 잘 섬기고, 노인을 공경했어요.
효 사상과 경로 사상이 생활과 문화에 전체적으로 깃들어 있었지요.
『산해경』이라는 중국 책에서는 우리나라를 '동방예의지국'이라고 소개했어요. '동쪽에 있는 예의바른 나라'라는 뜻이지요.
우리나라가 남의 나라를 업신여기지 않고, 남의 나라를 침범하지 않고, 서로 양보하는 아름다운 풍속을 가졌다고 중국인들은 생각했대요.

"애들아, 너희는 효도가 뭐라고 생각하니?"

이번에는 할아버지가 질문했어요.

"부모님 말씀 잘 듣는 거요."

"저도요."

"둘 다 아주 잘 알고 있구나."

할아버지는 부모는 자녀를 사랑해야 하고, 자녀는 부모를 잘 받들어야 한다고 했어요. '효도'는 우리나라의 아주 오래된 전통이래요.

"전통이 뭐지?"

"옛날부터 전해 내려오는 거!"

"강이 말이 맞아. 과거로부터 현재까지 이어져 내려오는 것을 전통이라고 해. 웃어른을 공경하고, 나라를 사랑하는 마음도 전통이란다."

할아버지가 이번에는 '효'자 옆에 걸려 있는 '충'자를 가리키며 말했어요.

"이 한자는 충성 '충(忠)'자야."

"할아버지, 여기에도 잉어가 그려져 있어요."

산이가 신기하다는 듯 말했어요.

"'충'자에도 잉어를 그려. 그 옆에는 용도 있지? 잉어가 용으로 변하듯 과거에 합격해서 임금에게 충성하라는 뜻란다."

할아버지는 문자도 '충'의 내용을 설명했어요.

"할아버지, 옛날 사람들은 왜 효도나 나라에 충성하는 것을 중요하게 생각했어요?"

산이가 묻자, 할아버지가 차근차근 대답했어요.

"부모님은 나를 낳아 주시고, 사랑과 정성으로 길러 주시지. 그러니까 부모님께 효도해야 겠지?"

"네, 할아버지!"

"우리 조상들은 임금을 아버지와 같이 섬겼어. 그래서 임금에게 충성하는 것을 당연하게 생각했단다."

"아, 그렇구나!"

할아버지는 옛날 사람들의 나라 사랑 이야기도 들려주었어요.

"얘들아, 너희 의병이 뭔지 아니?"

"백성이 스스로 만든 군대 맞죠? 위인전에서 읽었어요."

"저도요."

옛날 사람들은 나라가 외적의 침입을 받아 어려움에 처했을 때, 의병을 일으켜 싸웠어요. 평생 칼도, 총도 한 번 잡아 본 적 없는 사람들이 앞다투어 전쟁터에 뛰어든 것이지요.

의병은 나라를 지키기 위해 자신의 재산과 목숨을 다 내어놓고 적과 싸웠다고 할아버지께서 말씀해 주셨어요.

강이와 산이는 옛날 사람들이 나라를 얼마나 사랑했는지 조금은 알 것도 같았어요.

우리나라의 소중한 전통문화

전통문화란 한 나라에서 만들어져 전해 내려오는 고유의 문화를 말해요. 우리나라의 전통문화는 무엇이 있을까요?

전통 음식

우리가 자주 먹는 김치와 된장국, 부침개, 나물 등도 우리나라의 전통 음식이에요. 특별한 날에 먹던 떡과 수정과, 식혜, 한과 등도 있고요. 비빔밥과 갈비찜, 삼계탕, 불고기 등은 세계적인 음식으로 발전해 나가고 있어요.

전통 의상

우리나라의 전통 의상은 한복이에요. 화려한 색감과 아름다운 곡선이 특징이지요. 최근에는 입는 방법을 쉽게 바꿔 생활한복을 만들어 입기도 하지요.

전통 가옥

우리나라의 전통 가옥으로는 기와집과 초가집이 있어요. 흙, 나무, 종이, 짚 등의 재료로 만들었지요. 난방을 위해 온돌을 사용한 것과 황토로 만든 벽이 특징이에요. 여름에는 시원하고 겨울에는 따뜻해요.

전통문화를 어떻게 지켜야 할까?

조상들의 지혜와 노력으로 전해 내려오는 전통문화를 지키기 위해서는 어떻게 해야 할까요?

· 우리나라의 전통문화에 대해 배워요.
　박물관이나 전시회를 찾아가 보고, 관련 책을 읽으면 도움이 되지요.

· 한글도 우리나라의 전통문화예요.
　예쁘고 소중한 우리말을 지키기 위해 바른 말을 사용해요.

· 전통문화의 장점과 우수성을 발전시킬 수 있도록 연구해요.
　퓨전 음식과 생활한복 등이 예가 될 수 있어요.

· 전통문화를 세계에 알리도록 노력해요.
　우리나라의 전통적인 음악, 미술, 의상, 가옥 등은 과학성과 예술성이 있지요.

우리나라를 빛낸 위인을 만나要!

"강이는 꿈이 뭐니?"

"저는 반기문 국제연합(UN) 사무총장처럼 멋진 외교관이 되고 싶어요."

"산이는?"

"저는 싸이처럼 세계적인 가수가 되고 싶어요."

"그래, 꿈은 크고 넓게 가져야지."

할아버지가 역사관으로 들어서며 말했어요.

"얘들아, 역사관에는 우리 민족의 역사와 문화에 관한 자료들이 전시되어 있어. 두 눈 크게 뜨고, 두 귀 쫑긋 세우며 들어야 한다."

역사관 입구에는 구석기시대부터 청동기시대까지의 유물이 전시되어 있었어요.

돌로 만든 사냥 도구와 농기구, 흙으로 만든 도자기 등이 있었어요.

청동기시대에는 우리나라 최초의 국가인 고조선이 세워졌대요. 할아버지를 따라 전시장 가운데 있는 커다란 비석 앞에 섰어요.

비석 앞 안내문에는 '광개토대왕릉비'라고 적혀 있었어요.

"이 비석은 만주에 있는 광개토대왕릉비를 본따 만든 거야. 너희 이 비석의 주인공인 광개토대왕이 누구인지 아니?"

"노래에도 나오잖아요. 만주 벌판 달려라, 광개토대왕!"

산이는 학교에서 배운 노래를 따라 불렀어요.

"잘 알고 있구나. 광개토대왕은 고구려를 세계의 중심지로 만드는 게 꿈이었단다. 그래서 영토 확장에 힘을 기울였지. 그 덕분에 고구려는 동북아시아 최고의 강대국이 될 수 있었어."

광개토대왕릉비를 보고 나서는 고려시대 유물을 구경했어요.

금속 활자로 찍은 세계 최초의 책인 직지심경(직지심체요절) 복사본도 보고, 불교의 힘으로 몽골군을 물리치려고 만든 팔만대장경도 사진으로 보았지요.

"얘들아, 조선시대를 대표하는 사람은 누굴까?"

"세종대왕이요."

"강이는 왜 세종대왕이라고 생각하니?"

"세종대왕은 우리나라의 글자인 한글을 만들었잖아요."

강이는 세종대왕의 손을 들었어요.

"할아버지, 저는 이순신 장군이요."

산이는 이순신 장군을 꼽았지요.

"산이는 왜 이순신 장군이라고 생각하니?"

"이순신 장군은 거북선을 만들어서 왜적을 물리쳤잖아요. 거북선은 세계 최초의 철갑선이고요. 그러니까 이순신 장군이 최고죠."

한국을 빛낸 100명의 위인들

박문영 선생님이 작사, 작곡하여 1989년에 발표한 노래예요.
역사의 흐름에 따라, 단군을 시작으로 삼국시대의 인물과 신라, 발해, 고려와 조선을 거쳐 일제강점기 때의 인물들이 노래에 담겨 있어요.

"장영실은 알고 있니?"

할아버지가 측우기 앞에서 물었어요.

"과학자 맞죠?"

"잘 알고 있네. 서양보다 이백 년이나 앞서 측우기를 만들었지. 그렇다면, 장영실처럼 왕이나 장군이 아닌 위인은 또 없을까?"

할아버지의 물음에 산이가 대답했어요.

"여기 있어요."

"누군데?"

"한석봉이요."

한석봉으로 잘 알려져 있는 한호는 조선시대 최고의 서예가였어요. 어려서부터 스스로 글씨를 익히고 연습한 끝에 명나라에까지 이름을 떨쳤지요.

산이와 강이는 전시장에 걸려 있는 한호의 글씨를 구경했어요. 한자로 쓰여 있어서 뜻을 알 수는 없었지만 글씨에서 힘이 느껴졌어요.

"따라오렴. 너희에게 보여 주고 싶은 것이 있단다."

할아버지는 강이와 산이에게 안중근이 생전에 남긴 글씨를 보여 주었어요.

"하루라도 글을 읽지 않으면 입 안에 가시가 돋친다는 유명한 글귀란다."

"어, 어디서 많이 들어 보았는데……."
"나도!"
할아버지는 안중근에 대해 계속 이야기를 이어 갔어요.

안중근은 일본에 나라를 빼앗기자 독립운동에 뛰어들었어요. 안중근은 만주 하얼빈에서 우리나라를 빼앗는 데 앞장선 이토 히로부미를 암살했어요.

암살 후 체포되어 감옥에 갇혔지만, 사형을 당할 때까지도 안중근은 당당함을 잃지 않았답니다.

안중근의 유품에서 멀리 떨어지지 않은 곳에 김구와 관련된 유품도 있었어요.

할아버지는 계속해서 독립운동을 위해 애쓴 사람들의 이야기를 들려주었어요.

삼일운동으로 일본의 탄압이 심해지자 국내에서는 독립운동을 하기가 힘들어졌어요. 그래서 독립운동에 뜻을 둔 사람들이 중국과 러시아로 건너갔어요.

김구는 중국에서 대한민국 임시정부를 이끌며 독립운동을 했어요. 중국인들은 김구의 나라 사랑에 지지와 격려를 아끼지 않았답니다.

강이와 산이는 나라를 위해 살았던 위인들의 이야기를 듣고 많은 깨달음을 얻었어요.

 **우리나라의 위인을 알아보자**

이황 (1501년-1570년)

조선시대의 유명한 학자예요. '동방의 주자'라고 불릴 만큼 성리학에 능통했어요.

이황은 성균관과 홍문관 등 학문과 관련된 기관에서 벼슬을 했으며, 높은 벼슬에 올랐지요. 하지만 벼슬을 물리치고 고향으로 내려와 도산서원을 세우고 학문 연구와 제자를 기르는 데 힘을 쏟았어요.

신사임당 (1504년-1551년)

조선시대의 예술가예요. 시를 쓰고, 그림을 그리는 실력이 뛰어났어요.

어려서부터 책 읽기를 좋아하고, 그림 그리기를 좋아했어요. 신사임당이 그린 풀벌레 그림을 마당에 펼쳐 두었더니, 닭이 진짜 벌레인 줄 알고 쪼았다는 일화도 있지요.

또, 자식을 훌륭하게 교육한 어머니이자, 지혜롭고 어진 아내로 유명하답니다.

허준 (1546년-1615년)

조선시대의 한의학자예요. 허준은 끊임없는 노력으로 임금을 치료하는 어의가 되었어요.

허준은 한국인에 맞는 약과 치료법을 개발했을 뿐만 아니라,『동의보감』이라는 의학서를 남겼답니다.

동의보감은 청나라와 일본에서까지 유명한 의학서였고, 지금까지도 많은 사람들에게 읽혀지고 있어요.

유관순 (1902년-1920년)

일제시대의 독립운동가예요. 이화학당 학생이었던 유관순은 1919년 3월 1일 독립 만세 운동이 벌어지자, 친구들과 함께 거리로 나가 만세를 불렀어요.

삼일운동 이후 각 학교에는 휴교령이 내려졌고, 유관순은 고향인 천안으로 내려가 만세 운동을 준비했어요.

음력 3월 1일은 아우내 장날이었어요. 유관순은 아우내 장터에서 독립 만세 운동을 하다가 잡혀 열아홉 꽃다운 나이에 세상을 뜨고 말았답니다.

세계 으뜸 우리나라

"애들아, 너희 일상생활이 뭔지 아니?"

"우리의 평소 생활을 일상생활이라고 하는 거 아니에요?"

"맞아. 우리가 먹고, 입고, 잠자는 것, 모두를 일상생활이라고 한단다. 그런데 우리의 일상이 어떤 사람들에게는 특별한 경험이 될 수도 있다는 걸 알고 있니?"

할아버지가 다시 물었어요.

"평범한 일상이 특별한 경험이 될 수도 있다고요?"

"어떻게요?"

"이 지구상에는 인종, 종교, 언어가 다른 사람들이 많단다. 그렇기 때문에 다른 문화를 가진 사람의 입장에서 보면, 우리의 일상생활이 신기할 수 밖에 없지."

할아버지가 문화관으로 들어서며 말을 이었어요.

"자, 지금부터 둘러볼 곳은 문화관이야. 문화관에서는 옛날 사람들의 문화를 한눈에 볼 수 있단다."

문화관 입구에는 기와집이 한 채 있었어요. 기와집은 안채와 사랑채로 구분되어 있었는데, 옛날 사람들이 쓰던 살림살이가 그대로 놓여 있었지요.

부엌 앞을 지나갈 때였어요.

"와, 맛있겠다."
산이가 먹음직스럽게 차려진 음식 모형 앞을 떠날 줄 몰랐어요.
"뭐가 그렇게 맛있어 보이니?"
"비빔밥이요."
산이는 조금의 망설임도 없이 대답했어요. 산이는 평소에도 밥 위에 색색의 나물과 고기를 비벼 먹는 비빔밥을 좋아하거든요.
"산아, 비빔밥이 언제 먹던 음식인지 아니?"
"배고플 때 먹으면 언제든지 맛있는 거 아니에요?"
"뭐라고?"
산이의 엉뚱함에 할아버지는 피식 웃고 말았어요.
"비빔밥은 섣달그믐에 먹던 음식이야."

"섣달그믐이 언제인데요?"

"음력으로 한 해의 마지막 날을 섣달그믐이라고 해. 옛날 사람들은 남아 있는 음식이 해를 넘기는 것을 꺼렸대. 그래서 섣달그믐날 저녁에 남은 밥과 반찬을 모두 비벼서 먹었다는구나."

할아버지가 비빔밥의 유래를 알려 주었어요.

"요즘은 한식이 세계화 되어 있어서 세계 여러 나라에서 비빔밥을 맛 볼 수 있단다. 어떤 외국인들은 비빔밥을 건강식으로 즐겨 먹기도 하지."

강이와 산이는 외국에서도 비빔밥을 먹을 수 있고, 외국인들도 비빔밥을 좋아한다는 것이 놀라웠어요.

"할아버지, 저는 우리나라 대표 음식은 김치라고 생각해요."

김치를 좋아하는 강이가 김치 자랑을 늘어놓았어요.

"아무리 비빔밥이 맛있고, 건강에 좋아도 김치를 따라올 수는 없어."

"아니, 왜?"

"미국의 건강 잡지에서 김치를 세계 5대 건강식품 중의 하나로 뽑았잖아."

강이와 산이가 실랑이를 벌였어요.

"건강에 좋으면 뭐하니? 김치는 맵고, 냄새가 강해서 외국인이 안 좋아해."

"너 하나는 알고 둘은 모르는구나."

"그게 무슨 소리야?"

"외국인들도 김치 좋아해. 얼마 전에는 미국 대통령의 부인이 김치를 직접 담가 화제가 되기도 했어."

"예전에는 김치에 대한 편견을 갖고 있는 외국인이 많았어. 하지만 지금은 김치가 건강식으로 널리 알려져서 김치를 좋아하는 외국인들이 점점 늘고 있다는구나."

할아버지는 김치도 세계인의 사랑을 받는 음식이라고 했어요.
 할아버지는 아이들에게 김치에 대해 더 자세히 알려 주고 싶었어요. 그래서 부엌 뒤에 있는 김치광으로 아이들을 데리고 갔답니다.

 ## 맛도 좋고, 몸에도 좋은 우리의 한식

비빔밥

비빔밥은 밥 위에 고사리, 당근, 애호박, 표고버섯, 고기, 계란, 양념장 등을 넣어 비벼 먹는 음식이에요.
지역이나 계절에 따라 들어가는 재료가 조금씩 달라요.
비빔밥은 색이 고와서 보기에도 좋고, 다양한 영양소를 골고루 섭취할 수 있어서 건강에도 좋아요.

불고기

소고기 등을 양념하여 재었다가, 불에 구워 먹는 음식이에요.
옛날에는 너비아니라고 부르기도 했어요. 너비아니란 궁중과 양반집에서 쓰던 말로 고기를 넓게 저몄다는 뜻이에요.
달콤하면서도 육즙이 풍부해서 외국인들도 좋아하는 음식 중 하나예요.

김치

배추나 무를 소금에 절여 고춧가루 등을 넣고, 만들어 먹는 음식이에요.
물김치, 무김치, 파김치, 겉절이 등 종류도 다양해요.
우리나라 사람들은 삼국시대 이전부터 김치를 먹었다는 기록이 있어요. 그전에는 고춧가루를 넣지 않은 김치를 먹었는데, 임진왜란 이후부터 고추가 수입되면서 빨간 김치를 만들어 먹기 시작했지요.

김치의 저장 방법

김치는 무와 배추 같이 수분이 많은 채소를 오래 보관하기 위해 만들었지요. 채소를 소금에 절이면 오래 저장할 수 있어요.
또, 김치독을 땅에 묻으면 온도가 일정하게 유지되어요. 온도 변화가 적기 때문에 김치가 상하지 않지요.
요즘에는 주로 김치냉장고를 사용하여 보관해요.
김치냉장고는 김치를 땅에 묻는 것처럼 일정한 온도를 유지하는 전자제품이에요.

우리 나라의 유네스코 세계문화유산

창덕궁과 종묘

창덕궁은 조선 태종 때 지어진 궁궐이에요. 자연환경과 어우러진 우리나라의 전통 정원 양식을 갖추고 있어요.

종묘 역시 조선 태종 때 만들어졌어요. 종묘는 조선시대 왕과 왕비의 위패를 보관하기 위해 만든 사당이에요. 위패는 죽은 사람의 이름과 죽은 날짜를 적은 나무 패예요.

수원 화성

조선시대에 만들어진 성곽이에요. 화성은 군사적 방어 기능과 도시를 보호하기 위한 기능이 한데 어우러진 특징이 있어요.

석굴암과 불국사

석굴암과 불국사는 신라시대에 김대성에 의해 만들어졌어요. 석굴암은 석굴 안에 부처를 모신 석굴 사원이고, 불국사는 신라 불교의 대표적인 절이에요. 모두 신라 불교 예술이 담겨 있는 귀중한 유적이지요.

 ## 우리나라의 유네스코 세계기록유산

훈민정음

훈민정음은 세종대왕이 만든 우리의 글을 뜻하기도 하지만, 한글을 만든 원리와 설명이 담겨 있는 책을 말하기도 해요. '백성을 가르치는 바른 소리'라는 뜻을 담고 있어요.

조선왕조실록

조선 태조 때부터 철종 때까지 472년 동안의 역사적 사실을 기록한 책이에요. 임금의 이야기뿐 아니라 정치, 외교, 군사, 경제, 문화 등이 상세하게 담겨 있지요.

 ## 우리나라의 유네스코 세계무형유산

판소리

북소리에 맞추어 소리꾼이 노래와 몸짓으로 이야기하는 것을 말해요. 우리가 잘 알고 있는 춘향가, 심청가, 흥보가 등이 있어요. 지역에 따라 동편제, 서편제, 중편제로 나뉘어요.

아름다운 우리 옷, 한복

"얘들아, 이번에는 여러 가지 체험을 해 보러 갈까?"

할아버지는 강이와 산이를 문화관 안에 있는 체험관으로 데리고 갔어요.

체험관에는 우리나라 전통 의상인 한복이 전시되어 있었어요.

왕이 입던 황금빛 곤룡포, 공주가 입던 붉은 활옷, 관리들이 입던 관복, 전투할 때 입던 갑옷도 있었어요.

한복은 우리나라 기후와 사람들의 체형에 맞게 만들어진 옷이에요. 남자는 바지와 저고리를 입고, 여자는 치마에 저고리를 입어요.

강이와 산이는 평소에 입는 한복과 특별한 날에 입는 한복 등 다양한 종류의 한복을 구경했어요.

"할아버지, 한복은 색이 너무 고와요."

강이는 한복의 매력에 푹 빠진 얼굴이었어요.

 우리나라의 전통 의상

여자 한복과 남자 한복

여자는 치마와 저고리를 입어요. 남자는 바지와 저고리를 입지요.

여자 한복은 속옷으로 속적삼, 바지, 단속곳, 속치마를 입고, 버선을 신어요. 겉옷으로 배자, 마고자, 두루마기 등을 입고요.

남자 한복은 허리띠와 대님을 매고 조끼, 마고자, 두루마기 등을 입어요.

 이웃 나라의 전통 의상

기모노

기모노는 일본의 전통 의상으로, 결혼식이나 성년식 같이 특별한 날에 입어요. 단추나 끈 없이 왼쪽 옷자락을 오른쪽으로 여며서 입어요. 그런 다음 허리에 '오비'라는 긴 끈을 두르지요.

치파오

중국의 전통의상인 치파오는 몸에 딱 맞는 치마에, 옆트임이 있는 게 특징이에요. 옷깃은 짧고, 세워져 있지요. 치마와 소매 길이가 다양하고, 면으로 만든 것에서부터 고급스러운 비단으로 만든 것까지 다양한 종류가 있어요.

"한복은 천연 염료로 물을 들여서 색이 아주 곱단다."
"천연 염료가 뭔데요?"
산이가 불쑥 끼어들어 물었어요.
"천연 염료는 자연에서 얻은 재료로 색을 만드는 걸 말해. 저쪽에서 천연 염색 체험을 할 수 있는데, 같이 가 보자."
할아버지는 강이와 산이를 천연 염색 체험장으로 데리고 갔어요.
체험 도우미 선생님이 손수건을 염색하는 방법을 알려 주었어요.
"얘들아, 먼저 고무장갑을 끼렴. 안 그러면 손에 물이 든단다."
강이와 산이는 시키는 대로 고무장갑을 꼈어요.
"너희, 홍화, 치자, 쪽이 뭔지 아니?"
강이와 산이가 고개를 절레절레 흔들었어요.
체험 도우미 선생님은 상자 안에 들어 있는 말린 꽃과 풀, 그리고 열매를 보여 주었어요.
"홍화는 꽃이고, 치자는 나무 열매야. 그리고 쪽은 풀이지."
체험 도우미 선생님의 설명이 계속되었어요.
"홍화를 잘 말렸다가 끓인 물에 손수건을 담그면 붉은색으로 물이 든단다."

강이와 산이는 체험 도우미 선생님의 설명을 듣고 천연 염색을 시작했어요.

 강이는 치자 물에 손수건을 넣고 조물조물 주물렀고, 산이는 쪽물에 손수건을 넣고 휘저었어요.

 손수건이 마를 동안 할아버지와 강이, 산이는 복식 체험장으로 갔어요.
 복식 체험장에서는 한복을 비롯해, 치파오, 아오자이 등 이웃 나라 전통 의상도 함께 입어 볼 수 있었어요.
 "얘들아, 마음에 드는 옷을 한 번 입어 보렴."
 강이는 분홍색 저고리, 노란색 저고리를 들었다가 결국에는 여러 가지 색이 골고루 들어간 색동저고리를 골랐어요.
 산이는 왕이 입던 곤룡포나 관리들이 입던 상복이 입고 싶었지만 맞는 옷이 없었지요.
 "할아버지, 저 어때요?"
 강이가 탈의실을 나오며 물었어요.
 "정말 잘 어울리는구나."

"색깔만 예쁜 줄 알았는데, 입어 보니까 너무 편해요."

"한복은 재단할 때 여유를 두기 때문에 넉넉하고 편안하단다."

할아버지는 설명하면서 한복 입은 강이의 모습을 카메라에 담았어요.

"나, 안 입을 거야!"

탈의실에 들어갔던 산이가 투덜거리며 나왔어요.

"산아, 왜 그래?"

"도대체 어디가 앞인지, 뒤인지 알 수가 있어야지."

산이는 한복을 입는 게 낯설었어요.

그래서 들고 들어간 옷을 입어 보지도 못하고 나왔답니다.

"도우미 선생님에게 도와 달라고 해."
"아, 됐어."
산이가 씩씩거리자, 할아버지가 한 가지 제안을 했어요.
"입는 방법을 잘 모르겠다면 저기 있는 생활한복을 입어 보렴."
"생활한복이요?"
"한복을 편하게 입을 수 있도록 개량해 놓은 거야."
할아버지는 산이에게 생활한복을 추천했어요. 산이는 생활한복을 들고 탈의실로 쪼르르 달려갔어요.
"할아버지, 저도 다녀올게요."
옷 욕심이 많은 강이는 중국 전통 의상인 치파오를 챙겨서 산이를 따라갔어요.
"할아버지, 저희 좀 보세요."
산이와 강이는 생활한복과 치파오로 갈아입고 나왔어요.
"둘 다 아주 잘 어울리는구나."
할아버지는 강이와 산이를 향해 엄지를 치켜세웠어요.
"산아, 생활 한복을 입어 본 소감이 어떠니?"
"입기도 편하고, 활동하기도 편해요."
"강이는 어때?"

"한복은 치마 먼저 입고 그 위에 저고리를 또 입어야 되는데, 치파오는 한 번에 입으니 편해요. 그런데 통이 좀 좁아요."

강이와 산이는 민속박물관에서 다양한 체험을 하면서 우리의 것에 대해 조금씩 알게 되었어요.

우리의 소원은 통일

"자, 마지막으로 기획 전시관을 구경하러 가자."
"기획 전시가 뭔데요?"
"응. 한 가지 주제를 가지고 여는 전시회야. 어서 가 보자."
기획 전시관에서는 통일에 관한 주제로 전시회가 열리고 있었어요.
"얘들아, 잠깐! 멈춰 서서 이 지도 좀 보렴."
기획 전시관 입구에는 세계지도가 걸려 있었어요.

"너희 세계지도에서 우리나라를 찾을 수 있니?"
"물론이지요."
강이가 지도 앞으로 다가갔어요.
"할아버지, 찾았어요."
강이는 아시아 대륙 동쪽 끝에 자리 잡고 있는 한반도를 정확하게 손으로 짚었어요.
"잘 찾았구나. 보면 알겠지만, 우리나라는 유라시아 대륙의 동쪽 끝에 자리하고 있는 작은 반도야."

"반도가 뭐예요?"

산이가 냉큼 물었어요.

"삼면이 바다로 둘러싸이고, 나머지 한 면이 육지로 이어진 땅이지."

"우리나라나 이탈리아 같은 나라를 반도라고 해."

강이가 할아버지의 말에 덧붙였어요.

"우리나라는 대륙 끝자락에 붙어 있는 작은 나라에 불과해. 게다가 남한과 북한으로 나뉘어 있지. 하지만 남북통일이 이루어진다면 상황이 달라질 거란다."

"어떻게요?"

"남북이 통일이 되고, 끊어진 철도가 다시 이어진다면 우리나라는 세계 어디로든 뻗어나갈 수 있지."

할아버지는 철도가 연결되면, 러시아에서 유럽으로, 중국에서 서아시아 지역으로, 또 아프리카로 진출할 수 있다고 했어요.

"게다가 우리나라 동쪽에는 드넓은 태평양이 펼쳐져 있어. 통일이 된다면, 대륙은 물론이고, 해양으로도 세력을 떨칠 수 있단다."

"할아버지, 통일이 왜 필요해요? 이제 남한은 남한대로, 북한은 북한대로 각각의 나라인 거 아니에요?"

할아버지는 깊은 한숨을 내쉬었어요.

"휴, 6·25전쟁으로 한 번 둘로 나뉘어 지고 나니 통일이 쉽지가 않구나. 통일이 왜 필요한지 좀 더 살펴볼까?"

 분단국가, 대한민국

우리 나라는 세계에서 하나 남은 분단국가예요. 분단국가란 전쟁이나 다른 나라의 지배로 인해 나라가 둘로 나뉜 것을 말해요.

하지만 남한과 북한은 한민족이에요. 단군을 시조로 하여 지금까지 하나의 뿌리처럼 이어져 내려오고 있으니까요. 우리는 조상이 같을 뿐만 아니라, 생활양식도, 언어도 같지요.

 ## 우리나라의 분단 과정

1910년	일본이 우리나라의 통치권을 강제로 빼앗았어요. 일본은 우리나라를 식민지로 삼았어요.
1919년	삼일운동(3·1운동)이 일어났어요. 우리 민족은 빼앗긴 나라를 되찾기 위해 독립운동을 했어요.
1939년	제2차 세계대전이 일어났어요. 일본은 우리나라뿐만 아니라 아시아 여러 나라와 전쟁을 벌였어요.
1945년	제2차 세계대전은 일본의 패배로 끝났어요. 우리나라도 일본의 지배에서 벗어날 수 있었지요. 나라를 되찾았지만 우리나라는 38선을 경계로 남북으로 나뉘었어요. 세계대전에서 승리한 미국과 소련이 남과 북을 나누어 점령했어요.
1950년	6월 25일 한국전쟁이 일어났어요. 미군, 소련, 중국도 이 전쟁에 참여했어요. 많은 사람들이 다치거나 목숨을 잃었어요.
1953년	남과 북은 휴전을 선언했어요. 아직까지도 남과 북은 38선을 경계로 여전히 서로 나뉘어져 있어요.

"할아버지, 이리 좀 와 보세요."

산이가 북한말 알아맞히기 코너로 할아버지를 불렀어요.

"할아버지, 북한에서는 골키퍼를 문지기라고 한대요."

"골대을 지키는 거나, 문을 지키는 거나 매한가지니 문지기라는 표현도 맞는 말이구나. 허허."

산이는 할아버지의 이야기가 귀에 들어오지 않는 모양이에요.

"그럼, 모서리공은 어때요? 할아버지, 모서리공이 뭔지 아세요?"

"모서리공?"

"북한에서는 코너킥을 모서리공이라고 한대요."

산이는 북한말이 너무 생소했어요.

강이가 걱정스레 말했어요.

"할아버지, 남북이 분단되어 만나지 못하니까 사용하는 말도 달라진 건가 봐요."

"그러게 말이구나. 통일이 되어도 서로 대화가 통할 수 있을는지……."

할아버지가 한숨을 내쉬었어요.

"할아버지, 할아버지는 왜 통일이 되어야 한다고 생각하세요?"

산이가 정말 궁금하다는 듯 물었어요.

"원래 한민족, 하나의 국가였으니 합쳐지는 것은 당연하지. 그리고, 전쟁이 또다시 일어날 걱정은 없잖니. 나는 텔레비전에서 남북이 대치하고 있다는 뉴스가 나오면 가슴이 두근두근 뛰고, 걱정이 된단다."

강이와 산이는 할아버지의 이야기를 들으면서, 통일에 대해 진지하게 생각해 보았답니다.

통일은 왜 해야 하는 걸까?

통일이란?

남한과 북한으로 나뉘어 있는 우리 땅과 민족이 하나가 되는 것을 말해요.

통일이 되면 무엇이 좋을까요?

이산가족이 다시 만날 수 있어요. 고향에 찾아가 볼 수도 있고요.

남한과 북한이 각자 가지고 있는 자원과 기술을 합하면 나라가 더 발전할 수 있지요.

북한의 배고픈 많은 어린이들을 도울 수도 있어요.

우리나라는 전쟁의 위험에서 벗어날 수 있어요.

통일을 위해 어떤 노력이 필요할까요?

남한과 북한이 경제적, 문화적으로 서로 도와요.

북한에 대한 편견을 버리고, 한민족이라는 공동체 의식을 갖도록 노력해요.

책이나 뉴스를 통해 북한에 대해 관심을 가져요.

북한의 어린이는 어떻게 지낼까요?

북한의 소학교는 남한의 초등학교와 같은 곳이에요. 소학교에서는 국어, 산수, 자연, 도덕, 음악 등을 배워요.

북한의 어린이들은 등하굣길에 지정된 장소에 모여서 노래를 부르며 학교에 가요.

방과 후에는 축구, 농구, 술래잡기, 고무줄, 줄넘기 등 운동과 놀이를 해요.

또 텔레비전 보기를 좋아해서 만화, 영화, 인형극 등을 즐겨 본대요.

남과 북이 다르게 사용하는 말

우리가 사용하는 말	북한에서 사용하는 말
횡단보도	건늠길
화장실	위생실
도넛	가락지빵
슬리퍼	끌신
보조개	오목샘
수학	손가락말

통합 1~2학년군 『우리나라1』과 『우리나라를 소개합니다』 교과연계

통합1~2학년군 『우리나라1』	생각이 자라는 키다리 교과서 『우리나라를 소개합니다』
1. 우리나라의 상징 우리나라입니다 안녕, 태극기 무엇을 할까요 우리나라, 대한민국 우리나라 한 바퀴 우리나라의 상징 아름다운 우리나라 태극기, 우리나라 국기 오뚝이 태극기 태극기를 모아요 애국가, 우리나라 노래 무궁화, 우리나라의 꽃 무궁화가 활짝 우리나라를 빛낸 사람들 우리나라를 소개합니다 대한민국 전시장	영원히 피고, 또 피는 꽃 무궁화 (6쪽) 우리나라의 상징 우리나라의 지형과 자연유산 계절마다 변하는 우리나라 (14쪽) 사계절이 뚜렷한 우리나라 달력 속에 숨어 있는 우리의 역사와 문화 우리나라를 빛낸 위인을 만나다! (38쪽) 한국을 빛낸 100명의 위인들 우리나라의 위인을 알아보자
2. 우리의 전통문화 우리의 것입니다 우리 한옥 무엇을 할까요 우리의 집 우리의 문양 우리의 음식 우리의 그릇 우리의 옷 우리의 인사 남생아 놀아라 얼쑤 좋다 투호 놀이 소중한 우리의 전통 전통을 넘어서	아름다운 우리의 전통 (28쪽) 동방예의지국 우리나라의 소중한 전통문화 전통문화를 어떻게 지켜야 할까? 세계 으뜸 우리나라 (48쪽) 맛도 좋고, 몸에도 좋은 우리의 한식 우리나라의 유네스코 세계문화유산 우리나라의 유네스코 세계기록유산 우리나라의 유네스코 세계무형유산 아름다운 우리 옷, 한복 (58쪽) 우리나라의 전통 의상 이웃 나라의 전통 의상 우리의 소원은 통일 (68쪽) 분단국가, 대한민국 우리나라의 분단 과정 통일은 왜 해야 하는 걸까?

통합 1~2학년군 『우리나라2』와 『우리나라를 소개합니다』 교과연계

통합1~2학년군 『우리나라2』	생각이 자라는 키다리 교과서 『우리나라를 소개합니다』
1. 우리나라와 이웃 나라 우리와 이웃하고 있는 나라 내가 먼저 손 내미는 열린 세계 무엇을 할까요 우리는 한민족 북한의 모습 북한 학생들의 생활 모습 사는 곳은 달라도 놀이는 같아요 우리와 북한을 비교해 보아요 통일이 되면 다리빼기 함께 춤을 추어요 통일을 위해 통일 비행기 우리나라와 이웃하는 나라 이런 모습이에요 이웃 나라에 간다면 지구 마을 여행 지구 마을에서 율동을 터널을 통과해요 외국인을 만났어요 인사 놀이 하기 이웃 나라 여행 함께하는 우리	영원히 피고, 또 피는 꽃 무궁화 (6쪽) 우리나라의 상징 우리나라의 지형과 자연유산 계절마다 변하는 우리나라 (14쪽) 사계절이 뚜렷한 우리나라 달력 속에 숨어 있는 우리의 역사와 문화 아름다운 우리의 전통 (28쪽) 동방예의지국 우리나라의 소중한 전통문화 전통문화를 어떻게 지켜야 할까? 우리나라를 빛낸 위인을 만나다! (38쪽) 한국을 빛낸 100명의 위인들 우리나라의 위인을 알아보자 세계 으뜸 우리나라 (48쪽) 맛도 좋고, 몸에도 좋은 우리의 한식 우리나라의 유네스코 세계문화유산 우리나라의 유네스코 세계기록유산 우리나라의 유네스코 세계무형유산 아름다운 우리 옷, 한복 (58쪽) 우리나라의 전통 의상 이웃 나라의 전통 의상 우리의 소원은 통일 (68쪽) 분단국가, 대한민국 우리나라의 분단 과정 통일은 왜 해야 하는 걸까?